FULL SCORE
WSO-19-001
吹奏楽譜＜コンクール／吹奏楽オリジナル楽譜＞
【参考音源CD付】

ファンファーレ・プー・ラ・セレブラシオン　ヴァルジョン・アルテナ
Fanfare pour la Célébration
-Version Alterna-

作曲：天野 正道

WSO-19-001
吹奏楽譜＜コンクール／吹奏楽オリジナル楽譜＞

ファンファーレ・プー・ラ・セレブラシオン　ヴァルジョン・アルテナ
Fanfare pour la Célébration -Version Alterna-

作曲：天野 正道

Instrumentation

Piccolo ×1
Flute 1 ×1
Flute 2 ×1
Oboe 1 ×1
Oboe 2 & English Horn ×1
Bassoons 1 & 2 ×2
E♭ Clarinet ×1
B♭ Clarinet 1 ×1
B♭ Clarinet 2 ×1
B♭ Clarinet 3 ×1
Alto Clarinet ×1
Bass Clarinet ×1
Contrabass Clarinet ×1
Soprano Saxophone ×1
Alto Saxophone 1 ×1
Alto Saxophone 2 ×1
Tenor Saxophone ×1
Baritone Saxophone ×1
B♭ Trumpet 1 ×1
B♭ Trumpet 2 ×1
B♭ Trumpet 3 ×1
F Horns 1 & 2 ×2
F Horns 3 & 4 ×2
Trombone 1 ×1
Trombone 2 ×1
Bass Trombone ×1
Euphonium ×2
Tuba ×2
String Bass ×1
Harp ×1
Timpani ×1
Snare Drum & 4 Toms ×1
Tam-tam, Bass Drum, Crash Cymbals & Suspended Cymbal ×3
Suspended Cymbal, Anvil, Hammer, Glocknspiel, Shaker, Cowbell, Claves & Triangle ×2
Xylophone, Crotale & Marimba ×1
Marimba & Vibraphone ×1
Chime ×1

曲目解説

　この楽曲は安城学園高等学校吹奏楽部第60回記念定期演奏会の委嘱作品を、コンクール用に加筆、編集をした作品です。
　原曲は三楽章形式で続けて演奏されます。一楽章はタイトルどおりファンファーレから始まり、サキソフォンアンサンブルなどによるしっとりとした中間部を有する三部形式で書かれています。二楽章はコーラングレのソロから始まり、バリチューバアンサンブル、ダブルリードアンサンブルなどで展開される緩徐楽章ですが、この楽章にもファンファーレ的要素をちりばめています。三楽章は2/4＋3/8などの変拍子を多用しているアレグロで、ロンド形式プラス一楽章ファンファーレの再現によるコーダという構成になっています。
　このように、この作品はコンクールの自由曲としての発想では書かれていませんでしたが、「コンクールでも是非演奏したい」という要望に応えてアダージョのイントロと、アレグロアッサイの新たなテーマを加筆しました。その後に二楽章、三楽章のエッセンスをちりばめ、最後に一楽章のファンファーレで全曲を締めくくる、という原曲とはかなり雰囲気が違った作品となっています。曲中にハンマーを使用するなど、演奏効果も考慮した楽曲として生まれ変わりました。
　※参考音源の演奏では、一部楽譜内容に変更を加えています。

(by 天野 正道)

作曲者プロフィール：天野 正道　*Masamicz Amano*

　映像音楽、現代音楽、歌謡曲、Jazz、演歌から吹奏楽まで節操無く書く作曲家、指揮者。自作曲だけでは飽き足らず他人の作品までずうずうしく指揮する。ヱヴァンゲリヲン新劇場版、ベルセルク、進撃の巨人などでは音楽担当の盟友、鷺巣詩郎氏作品のオーケストレーション、指揮（ロンドン・スタジオ・オーケストラ、ワルシャワ国立フィルハーモニー管弦楽団）を担当。
　ニュー・サウンズ・イン・ブラス2015では故・岩井直溥氏の後を継ぎ指揮、編曲を担当。
　SEGA主催のファンタシースター25周年記念シンパシー2013（東京フィルハーモニー交響楽団　於・日比谷公会堂）続編のシンパシー2015（シンパシー・スペシャル・オーケストラ　於・パシフィコ横浜）で管弦楽作・編曲、指揮を担当。
　第62回国民体育大会、第59回全国植樹祭、第29回国民文化祭の音楽総監督を務めつつ、作・編曲、監修、指揮をする。
　何故か国立音楽大学作曲科首席卒業、同大学大学院作曲科創作専攻を首席修了しており、第23回（おもちゃ）、24回（バトルロワイアル）日本アカデミー賞優秀賞、第10回日本管打・吹奏楽アカデミー賞作・編曲部門などを受賞している。

演奏時間

約8分30秒

難易度

C

Fanfare pour la Célébration
-Version Alterna-

天野正道
Masamicz Amano

Fanfare pour la Célébration - 2

Fanfare pour la Célébration - 3

Fanfare pour la Célébration - 7

Fanfare pour la Célébration - 11

K Poco più mosso
106
Picc.
Fl.1
Fl.2
Ob.1
Ob.2
Bsn.1,2
E♭ Cl.
Cl.1
Cl.2
Cl.3
A.Cl.
B.Cl.
Cb.Cl.
S.Sax.
A.Sax.1
A.Sax.2
T.Sax.
B.Sax.
K Poco più mosso
Trp.1
Trp.2
Trp.3
Hrn.1,2
Hrn.3,4
Trb.1
Trb.2
B.Trb.
Euph.
Tub.
St.B.
Hp.
K Poco più mosso
Timp.
S.D., 4 Toms
C.Cymb. /B.D.
Glock.
Mrmb.
Vib.
Chime

Fanfare pour la Célébration - 16

Fanfare pour la Célébration - 31

Fanfare pour la Célébration - 35

Fanfare pour la Célébration - 38

ご注文について

ウィンズスコアの商品は全国の楽器店、ならびに書店にてお求めになれますが、店頭でのご購入が困難な場合、当社PC&モバイルサイト・FAX・電話からのご注文で、直接ご購入が可能です。

◎当社PCサイトでのご注文方法

http://www.winds-score.com

上記のURLへアクセスし、WEBショップにてご注文ください。

◎FAXでのご注文方法

FAX.03-6809-0594

24時間、ご注文を承ります。当社サイトよりFAXご注文用紙をダウンロードし、印刷、ご記入の上ご送信ください。

◎お電話でのご注文方法

TEL.0120-713-771

営業時間内に電話いただければ、電話にてご注文を承ります。

◎モバイルサイトでのご注文方法

右のQRコードを読み取ってアクセスいただくか、URLを直接ご入力ください。

※この出版物の全部または一部を権利者に無断で複製(コピー)することは、著作権の侵害にあたり、著作権法により罰せられます。

※造本には十分注意しておりますが、万一、落丁・乱丁などの不良品がありましたらお取り替えいたします。また、ご意見・ご感想もホームページより受け付けておりますので、お気軽にお問い合わせください。

Piccolo

Fanfare pour la Célébration
-Version Alterna-

天野正道
Masamicz Amano

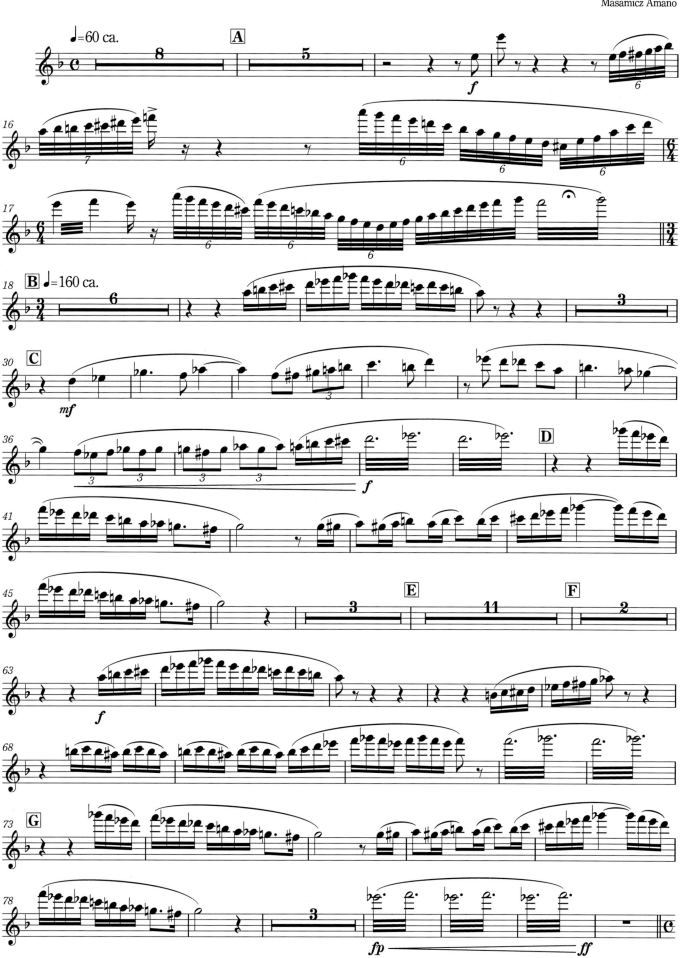

Flute 1

Fanfare pour la Célébration
-Version Alterna-

天野正道
Masamicz Amano

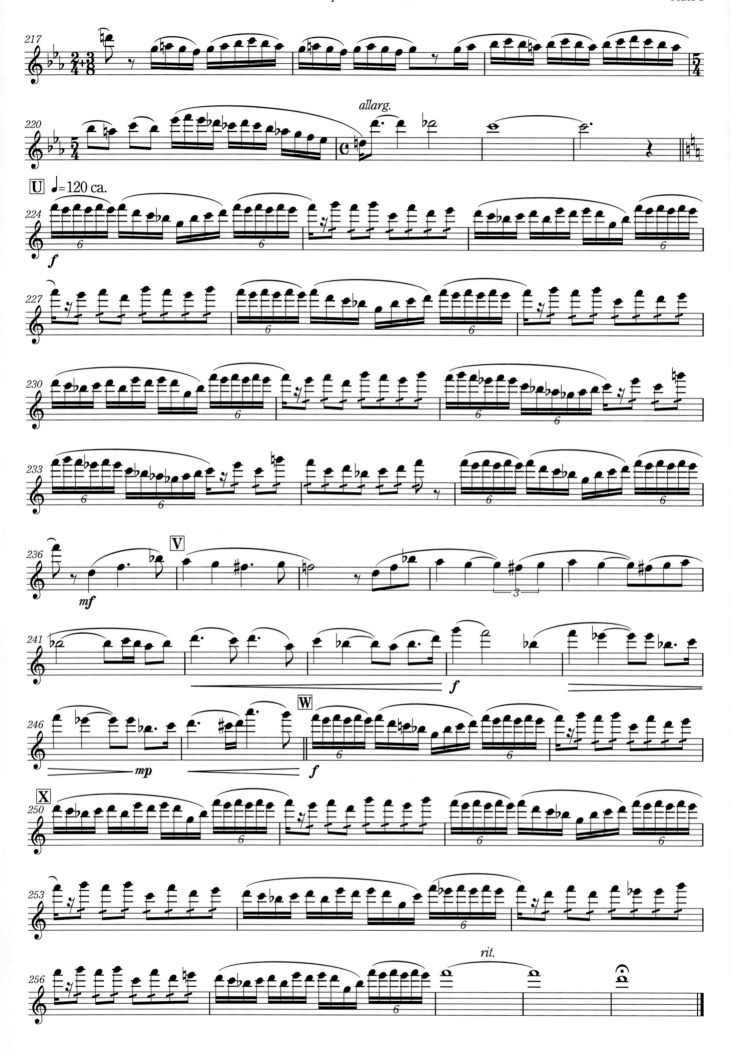

Fanfare pour la Célébration
-Version Alterna-

Flute 2

天野正道
Masamicz Amano

Fanfare pour la Célébration
-Version Alterna-

天野正道
Masamicz Amano

Oboe 2 & English Horn

Fanfare pour la Célébration
-Version Alterna-

天野正道
Masamicz Amano

Bassoons 1&2

Fanfare pour la Célébration
-Version Alterna-

天野正道
Masamicz Amano

Bassoons 1&2

Fanfare pour la Célébration
-Version Alterna-

天野正道
Masamicz Amano

Bassoons 1&2 — Fanfare pour la Célébration - 3

E♭ Clarinet

Fanfare pour la Célébration
-Version Alterna-

天野正道
Masamicz Amano

B♭ Clarinet 1

Fanfare pour la Célébration
-Version Alterna-

天野正道
Masamicz Amano

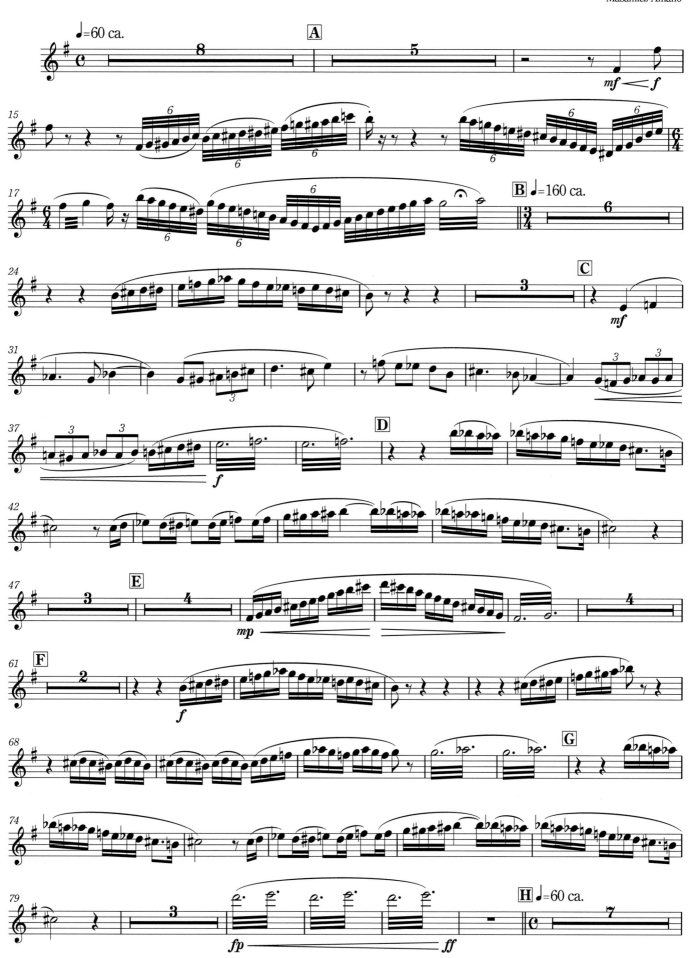

B♭ Clarinet 2

Fanfare pour la Célébration
-Version Alterna-

天野正道
Masamicz Amano

Alto Clarinet

Fanfare pour la Célébration
-Version Alterna-

天野正道
Masamicz Amano

Bass Clarinet

Fanfare pour la Célébration
-Version Alterna-

天野正道
Masamicz Amano

Contrabass Clarinet

Fanfare pour la Célébration
-Version Alterna-

天野正道
Masamicz Amano

Fanfare pour la Célébration - 2

Contrabass Clarinet

Soprano Saxophone

Fanfare pour la Célébration
-Version Alterna-

天野正道
Masamicz Amano

Alto Saxophone 1

Fanfare pour la Célébration
-Version Alterna-

天野正道
Masamicz Amano

Alto Saxophone 2

Fanfare pour la Célébration
-Version Alterna-

天野正道
Masamicz Amano

Tenor Saxophone

Fanfare pour la Célébration
-Version Alterna-

天野正道
Masamicz Amano

Fanfare pour la Célébration - 4 — Tenor Saxophone

Fanfare pour la Célébration
-Version Alterna-

Baritone Saxophone

天野正道
Masamicz Amano

Fanfare pour la Célébration
-Version Alterna-

B♭ Trumpet 1

天野正道
Masamicz Amano

F Horns 1&2

Fanfare pour la Célébration
-Version Alterna-

天野正道
Masamicz Amano

F Horns 1&2

Fanfare pour la Célébration
-Version Alterna-

天野正道
Masamicz Amano

F Horns 3&4

Fanfare pour la Célébration
-Version Alterna-

天野正道
Masamicz Amano

Trombone 1

Trombone 2

Trombone 2

Fanfare pour la Célébration
-Version Alterna-

天野正道
Masamicz Amano

Bass Trombone

Bass Trombone

Fanfare pour la Célébration
-Version Alterna-

天野正道
Masamicz Amano

Tuba

Fanfare pour la Célébration
-Version Alterna-

天野正道
Masamicz Amano

Tuba

Fanfare pour la Célébration
-Version Alterna-

天野正道
Masamicz Amano

String Bass

Fanfare pour la Célébration
-Version Alterna-

天野正道
Masamicz Amano

Harp

Fanfare pour la Célébration - 4

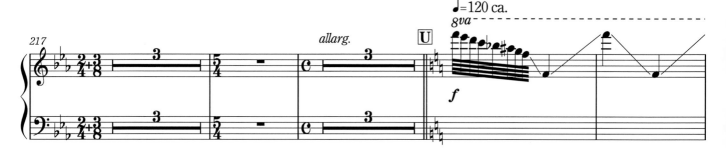
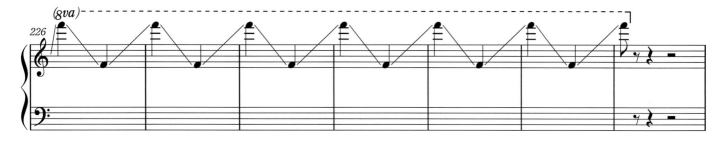
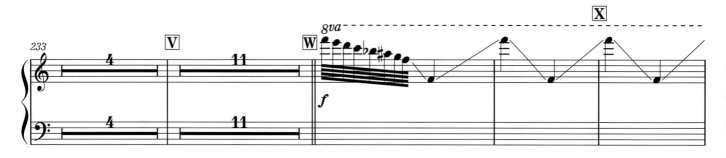

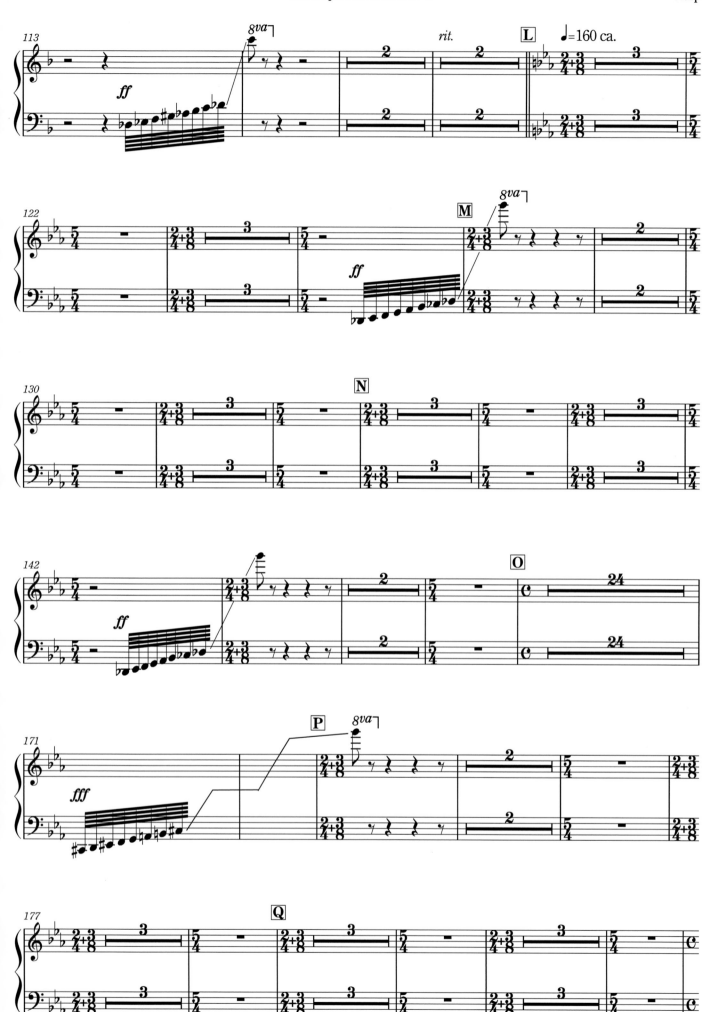

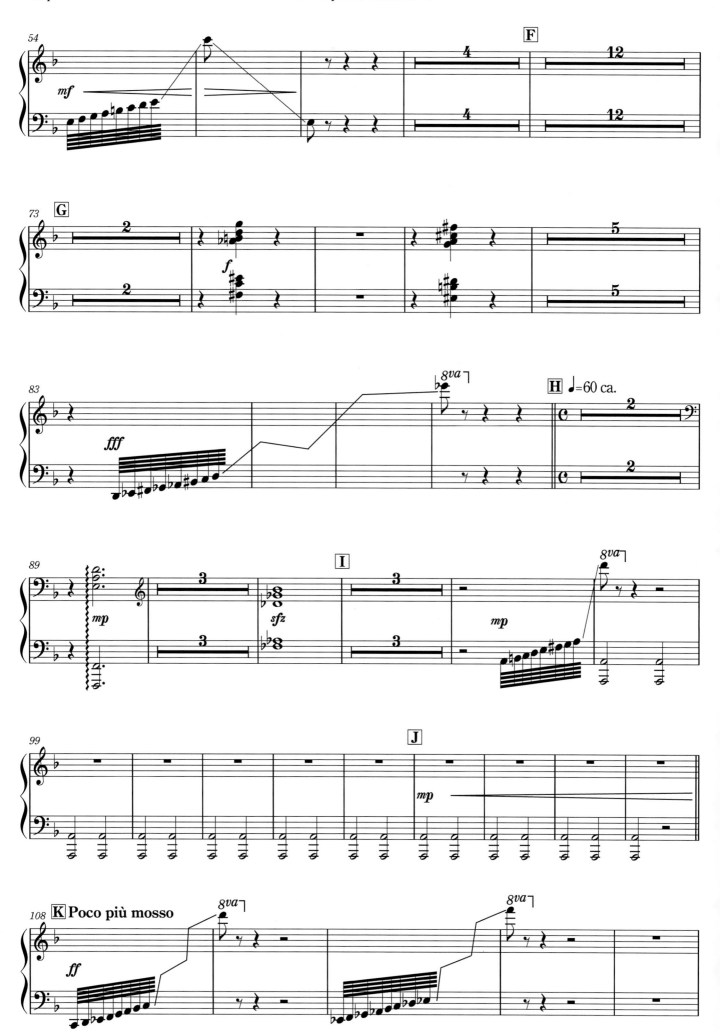

Harp

Fanfare pour la Célébration
-Version Alterna-

天野正道
Masamicz Amano

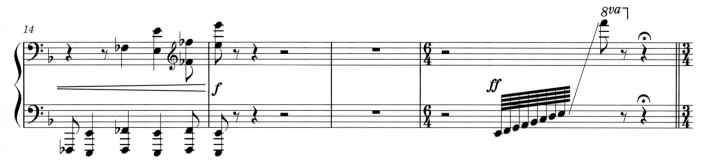
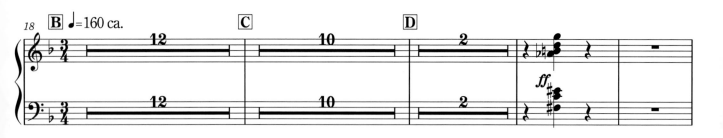

Timpani

Timpani

Fanfare pour la Célébration
-Version Alterna-

天野正道
Masamicz Amano

Snare Drum & 4 Toms

Snare Drum & 4 Toms

Fanfare pour la Célébration
-Version Alterna-

天野正道
Masamicz Amano

Tam-tam, Bass Drum, Crash Cymbals, Suspended Cymbal & Ride Cymbal

Tam-tam, Bass Drum, Crash Cymbals, Suspended Cymbal, Ride Cymbal

Fanfare pour la Célébration - 3

Tam-tam, Bass Drum, Crash Cymbals, Suspended Cymbal & Ride Cymbal

Fanfare pour la Célébration
-Version Alterna-

Tam-tam, Bass Drum, Crash Cymbals, Suspended Cymbal & Ride Cymbal

天野正道
Masamicz Amano

Tam-tam, Bass Drum, Crash Cymbals, Suspended Cymbal & Ride Cymbal

Tam-tam, Bass Drum, Crash Cymbals, Suspended Cymbal, Ride Cymbal

Tam-tam, Bass Drum, Crash Cymbals, Suspended Cymbal & Ride Cymbal

Tam-tam, Bass Drum, Crash Cymbals, Suspended Cymbal, Ride Cymbal

Tam-tam, Bass Drum, Crash Cymbals, Suspended Cymbal & Ride Cymbal

Fanfare pour la Célébration - 2

Suspended Cymbal, Anvil, Hammer, Glockenspiel, Shaker, Cowbell, Claves & Triangle

Suspended Cymbal, Anvil, Hammer, Glockenspiel, Shaker, Cowbell, Claves & Triangle
Fanfare pour la Célébration - 3

Suspended Cymbal, Anvil, Hammer, Glockenspiel, Shaker, Cowbell, Claves & Triangle

Fanfare pour la Célébration
-Version Alterna-

天野正道
Masamicz Amano

Suspended Cymbal, Anvil, Hammer, Glockenspiel, Shaker, Cowbell, Claves & Triangle

Suspended Cymbal, Anvil, Hammer, Glockenspiel, Shaker, Cowbell, Claves & Triangle
Fanfare pour la Célébration - 3

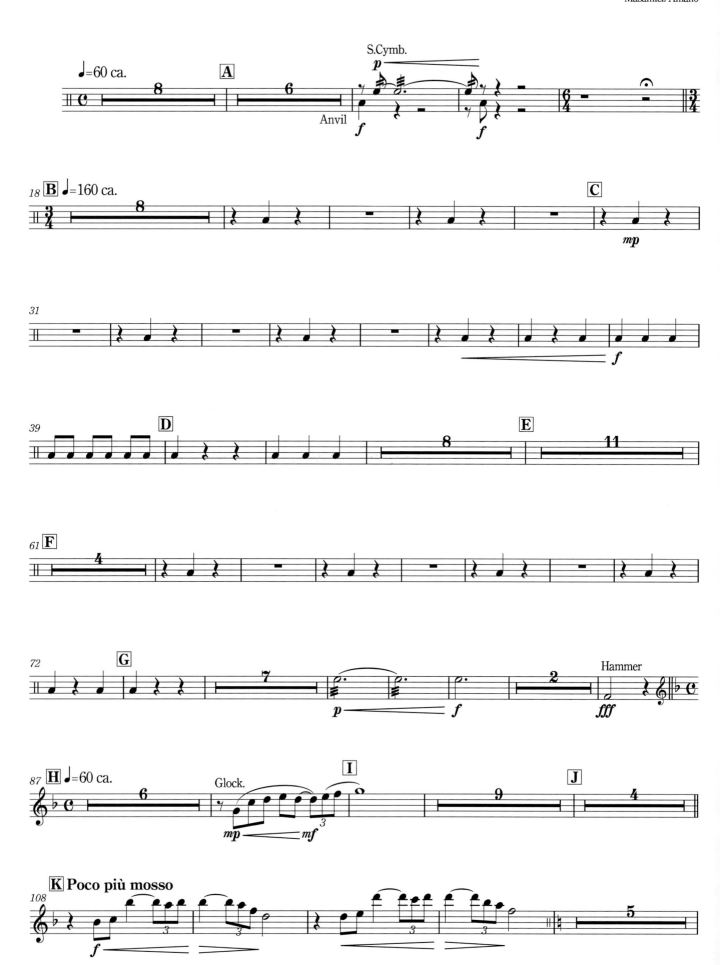

Fanfare pour la Célébration
-Version Alterna-

Xylophone, Crotale & Marimba

天野正道
Masamicz Amano

Marimba & Vibraphone

Fanfare pour la Célébration
-Version Alterna-

天野正道
Masamicz Amano